¡Veamos que puedo hacer hoy!

Comer, si tengo hambre puedo comer.

Tomar, si tengo sed puedo tomar.

Dormir, si tengo sueño puedo dormir.

¡Veamos que otras cosas puedo hacer!

Jugar, con mis juguetes puedo jugar.

Lavar, mis manos puedo lavar.

Peinar, mi pelo puedo peinar.

¡Veamos que otras cosas puedo hacer!

Caminar, al parque puedo caminar.

Correr, para ir rápido puedo correr.

Patear, una **pelota** puedo **patear**.

¡**Veamos que otras cosas puedo hacer!**

Saltar, muy alto puedo saltar.

Nadar, en el agua puedo nadar.

Excavar, en la arena puedo excavar.

¡Veamos que otras cosas puedo hacer!

Cantar, esta canción puedo cantar.

ACCIONES

Escrito por: Yael Herszkopf Mayer, M.S. CCC-SLP

Ilustrado por: Leslie Pinto

Bailar, con música puedo bailar.

Aplaudir, con mis manos puedo aplaudir.

¡Veamos que otras cosas puedo hacer!

Leer, un libro puedo leer.

Pintar, con colores puedo pintar.

Escribir, con un lápiz puedo escribir.

¡ Tantas cosas que puedo hacer hoy !

CONOCE A NUESTROS AMIGOS

A Mei
le gusta leer libros.

A Joe
le gusta nadar en el mar.

A Ana
le gusta cantar con sus amigos.

A Owen
le gusta jugar en el parque.

¿A ti qué te gusta hacer?

_____

Conoce a la autora

Yael Herszkopf Mayer, M.S, CCC-SLP obtuvo su Maestría en Patología del habla y del lenguaje- Extensión Bilingüe en Teachers College, Columbia University y recibió su bachillerato en Psicología Clínica en la Universidad de Iberoamérica en Costa Rica.

Herszkopf Mayer es una patóloga del habla y del lenguaje bilingüe Inglés/Español. A lo largo de su carrera ha trabajo con niños con una variedad de problemas de la comunicación, en diversas instituciones.

Herszkopf Mayer tiene licencia para ejercer en los estados de Florida y Maine, y ofrece servicios en su práctica privada, Speech Journeys, LLC.

OTROS TITULOS

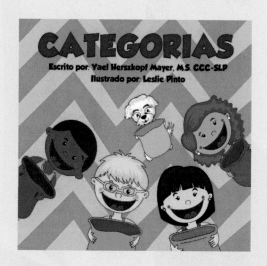

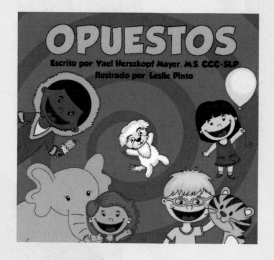

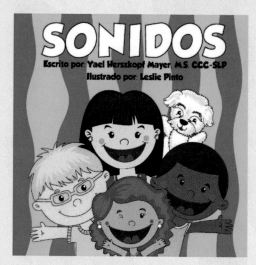

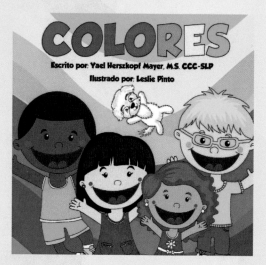

También disponibles en Inglés.

Visítanos en:
www.learningwithyaya.com
Contáctanos en:
contact@learningwithyaya.com

58101548R00022